O Brasil da Nova Era

José Guilherme Cantor Magnani

O Brasil da Nova Era

Jorge Zahar Editor
Rio de Janeiro

Copyright © 2000, José Guilherme Cantor Magnani

Todos os direitos reservados.
A reprodução não-autorizada desta publicação,
no todo ou em parte, constitui violação
do copyright. (Lei 5.988)

2000
Direitos para esta edição contratados com:
Jorge Zahar Editor Ltda.
rua México 31 sobreloja
20031-144 Rio de Janeiro, RJ
tel.: (21) 240-0226 / fax: (21) 262-5123
e-mail: jze@zahar.com.br
site: www.zahar.com.br

Capa: Carol Sá e Sérgio Campante
Vinheta da coleção: ilustração de Debret

Composição eletrônica: TopTextos Edições Gráficas Ltda.
Impressão: Cromosete Gráfica e Editora

CIP-Brasil. Catalogação-na-fonte
Sindicato Nacional dos Editores de Livros, RJ.

Magnani, José Guilherme Cantor
M176b   O Brasil da Nova Era / José Guilherme Cantor Magnani. — Rio de Janeiro: Jorge Zahar Ed., 2000
: il.. — (Descobrindo o Brasil)

Inclui bibliografia
ISBN 85-7110-559-6

1. Nova Era (Movimento esotérico) – Brasil – História.
I. Título. II. Série.

	CDD 133.0981
00-0766	CDU 133(81)

Sumário

Introdução 7

Antecedentes 9

No Brasil 15

A Nova Era
na virada do milênio 25

Conclusão 51

Referências e fontes 57

Sugestões de leitura 60

Sobre o autor 63

Ilustrações (entre p.40-41)

Créditos das ilustrações

1. Círculo Esotérico da Comunhão do Pensamento. Foto de Adriana Capuchinho.
2. Cartaz do IV Encontro Nacional de Comunidades Rurais, cedido pelo autor.
3. Anúncio retirado da revista *Cadernos de Sinais* n.2, mai-ago 1998.
4. Espaço Tattva, em São Paulo. Foto de Adriana Capuchinho.
5. Colagem a partir de material de divulgação cedido pelo autor.

Introdução

Os assinantes de muitos dos grandes jornais e revistas do Brasil não se surpreendem mais com determinado tipo de anúncio que continua a ocupar espaço no caderno de classificados, oferecendo consultas por meio do tarô, numerologia, runas, I-Ching, astrologia e outros sistemas oraculares. Os freqüentadores de livrarias, por sua vez, estão já acostumados com o destaque, nas estantes colocadas estrategicamente na entrada da loja, para livros rotulados sob a rubrica de "esotéricos", "místicos" ou de "auto-ajuda". Isso sem mencionar os programas de televisão dedicados a divulgar terapias alternativas, ou ainda os diversos espaços, lojas, agências e comunidades também voltados para essas atividades.

A impressão inicial que se tem, quando se entra em contato com esse tema, é de que nele cabe qualquer coisa, da crença nos duendes a cerimônias xamânicas, da devoção aos anjos a rituais de bruxaria celta, de terapias inspiradas na medicina tradicional chinesa ou indiana a técnicas de meditação, do uso de cristais à música *New Age*.

Como caracterizar o fenômeno? Seria apenas mais um modismo passageiro e descartável na sociedade de consumo? Ou algum sinal dos tempos, trazido pela passagem do milênio? Para alguns se trata do advento de uma nova religião — a religião da Nova Era — adaptada aos tempos atuais, uma espécie de religião "pós-moderna", na qual o adepto seria seu próprio oficiante: a revelação e os preceitos não viriam de fora, de uma instância transcendental, mas do íntimo de cada um, considerado como o templo de uma "centelha divina" primordial. Os objetos de culto e veneração, como incensos, imagens, sons, gestos, também seriam escolhidos e combinados de acordo com a criatividade e inspiração individuais.

A primeira pergunta, entretanto, é se práticas tão diferentes quanto às origens, inspiração filosófica e propósitos apresentam alguma unidade interna, seja doutrinária, de princípios ou ritual. Ou até mesmo se constituem um movimento: há quem considere o surgimento e a disseminação dessas práticas e o consumo ligado a elas uma questão meramente de mercado. Outros vêem aí formas de exploração da boa-fé e credulidade do público por meio do oferecimento de determinados serviços — sistemas divinatórios, produtos ditos "naturais", terapias chamadas alternativas — desprovidos de qualquer base científica.

Este livro tem como objetivo traçar um panorama de tal fenômeno — designado algumas vezes como

Nova Era, outras como neo-esoterismo, misticismo contemporâneo, ou Era de Aquário — e oferecer uma proposta de análise, sem, entretanto, a pretensão de tratar de todas e cada uma das propostas que o integram, ou de apresentar um quadro histórico exaustivo. De acordo com o enfoque escolhido, tal fenômeno será considerado como um fato social, gerador de comportamentos coletivos, sem entrar na discussão a respeito da base científica ou eficácia das técnicas e métodos que utiliza.

Com a finalidade de ordenar a exposição, o texto está dividido em algumas seções. Em uma primeira parte são mostrados alguns antecedentes históricos dessa tendência nos Estados Unidos e, a seguir, seu processo de expansão e consolidação no Brasil; em um segundo momento expõem-se suas características atuais mais importantes (com destaque para uma classificação das principais atividades e dos espaços onde são praticadas) e, finalmente, apresentam-se suas bases doutrinárias e o perfil dos freqüentadores.

Antecedentes

O sentido original da expressão "Nova Era" provém da cosmologia astrológica: refere-se a uma mudança — ocasionada pela chamada precessão dos equinócios — no aparente trajeto do sistema solar em relação ao zodíaco (uma espécie de faixa com 12 subdivisões projetada na abóbada celeste), ao longo do qual parecem mover-se os astros, perfazendo determinados ciclos. Os astrólogos acreditam que atualmente estamos entrando em uma nova era, momento que sempre anuncia ou acarreta importantes modificações para a humanidade.

De acordo com o esquema dos ciclos do ano zodiacal, a era de Touro, por exemplo, correspondeu às civilizações mesopotâmicas, a de Áries, à religião mosaico-judaica e a de Peixes — que teve início com o advento do cristianismo — ao término dos 2.100 anos de sua duração, levou ao limite os valores identificados com o modo de vida ocidental. A nova era que agora se inicia é a Era de Aquário, trazendo ou anunciando profundas alterações para os homens em sua maneira de pensar, sentir, agir e relacionar-se uns com os outros, com a natureza e com a esfera do sobrenatural. De uma forma geral, essas transformações são entendidas no sentido de um reequilíbrio entre pólos — corpo/mente, espírito/matéria, masculino/feminino, ciência /tradição etc. — até então opostos e em conflito. Há controvérsias, mesmo no meio astrológico, a respeito do início dessa era: alguns consideram que estamos nela há algum tempo, outros calculam que a mudança só se dá na virada do milênio; todos concordam, porém, que as transformações são profundas e já estão em curso.

Cabe lembrar *Hair*, o famoso musical (posteriormente transposto para filme) que estreou em 1967 e retratava o choque de valores daqueles anos que criaram as condições para o surgimento do fenômeno da Nova Era; uma das canções é, justamente, "Aquarius", cujo refrão repetia: *"This is the dawning of the age of Aquarius"* [É a aurora da era de Aquário].

Aquele movimento mais geral de contestação dos padrões então vigentes difundiu-se com a denominação de *contracultura* e, ainda que tenha se manifestado com mais visibilidade nos Estados Unidos, refletiu-se em praticamente todo o mundo ocidental.

A história da rebelião da contracultura é conhecida: começa nos anos 50 com o movimento *beatnik*, seus poetas e mochileiros — "the rucksack revolution", na expressão de Jack Kerouac, um de seus mais conhecidos representantes e autor dos clássicos *On the Road* e *The Dharma Bums* — e se estende em várias frentes na década de 60. O aspecto mais político manifesta-se nos protestos contra a participação dos EUA na Guerra do Vietnã, em movimentos pacifistas e em prol dos direitos civis, e tem sua máxima expressão nos conflitos de maio de 68 na França e na Primavera de Praga, no mesmo ano.

Uma perspectiva mais individualizada descobre no consumo de drogas uma via de liberação e volta-se para a experimentação de novas substâncias psicoativas, como o LSD; Bob Dylan, Jimi Hendrix e Janis Joplin expressam em sua música o protesto e o gosto juvenil da época, que logo se universalizam e assumem padrões de consumo de massa, cuja maior expressão foi o conjunto britânico The Beatles.

Essa corrente contestatória atinge o comportamento sexual e a organização da vida familiar, afeta o estilo de morar e vestir-se, introduz novos hábitos de consumo e formas de comunicação: os valores espirituais, evidentemente, não ficaram de fora. Insurgindo-se contra os padrões dominantes ditados pela cultura bíblica e protestante norte-americana, o movimento descobre outras vertentes: a filosofia e religião orientais. Não há como descrever de forma sucinta os inúmeros caminhos que levaram jovens ao encontro de gurus, *roshis, swamis* e *bhikkhus*, muitos dos quais, por sua vez, instalaram-se nos centros do mundo ocidental levando práticas, crenças e instituições de certa forma já transformados, mas inspirados nos seus milenares e tradicionais sistemas simbólicos de origem.

Esse processo de renovação espiritual e busca de caminhos místicos não é, entretanto, um mero produto da efervescência da contracultura; tem raízes na própria corrente do transcendentalismo norte-americano do século XIX (cujos representantes mais proeminentes são Ralph Waldo Emerson e Henry Thoreau), na teosofia desenvolvida por Helena Blavastsky, Henry S. Olcott e Annie Besant e em correntes esotéricas e ocultistas de origem européia. Teve ainda como marco o Congresso

Mundial de Religiões em Chicago, em 1893, que contou com a presença de Swami Vivekananda, um dos divulgadores da cultura espiritual da Índia nos países ocidentais.

Em contato com o movimento da contracultura, essa vertente terminou atingindo um público mais amplo, aumentando o fluxo entre Oriente e Ocidente e levando a novos encontros, experimentos, propostas. Herman Hesse, Jiddu Krishnamurti, Allan Wats, Aldous Huxley, Gregory Bateson, Gary Snyder, Timothy Leary, Paramahansa Yogananda, Daisetz Deitaru Susuki, Srila Prabhupada são alguns dos personagens que, cada qual a seu tempo e em seu campo de atuação, pessoalmente ou através de suas obras e instituições, foram determinantes para esse processo que teve como pólos a costa oeste dos EUA, a cidade de Londres e centros religiosos da Índia, do Tibet e do Extremo Oriente.

Uma das convergências mais diretamente responsável pela consolidação da Nova Era no início dos anos 70 deu-se — por diferentes caminhos e contatos — entre as propostas de duas famosas instituições, de certa forma emblemas de toda essa movimentação: o Instituto Esalen e a Comunidade Findhorn.

O primeiro, sediado na Califórnia, tornou-se o centro irradiador do que ficou conhecido como Movimento do Potencial Humano, voltado para a pesquisa e o desenvolvimento de técnicas inovadoras destinadas a despertar as potencialidades do Eu, procurando liberar o indivíduo de condicionamentos de ordem social, institucional e cultural; a segunda, uma experiência comunitária situada na Escócia — modelo e inspiração das incontáveis "comunidades rurais alternativas" em todo o mundo —, enfatizava que esse "eu", segundo princípios teosóficos, é na realidade uma centelha divina em eterna busca de encontro com sua fonte e origem primordial.

Muitos outros encontros e vivências inovadores, abrangendo praticamente todos os planos da vida — relações pessoais, familiares, afetivas, profissionais — e campos de atuação como o da saúde, da preservação ambiental, da produção de alimentos, tecnologias alternativas, foram identificados como fazendo parte de uma silenciosa mas contínua e profunda mudança de comportamentos e atitudes, em escala planetária. Marilyn Ferguson, jornalista norte-americana, cunhou a expressão "conspiração aquariana" para descrever a disseminação em rede dessas mudanças.

O quadro de certa maneira se completa com a contribuição de Fritjof Capra, cientista originário da física das partículas que, no conhecido livro *O Tao da física*, de 1974, procurou estabelecer um paralelo entre a física moderna e o misticismo oriental. Em sua obra seguinte, *Ponto de mutação*, descreve a base epistemológica desse processo e as rupturas que ele representa nos campos da medicina, psicologia e economia: trata-se, segundo Capra, de uma "mudança de paradigma". Com fundamento nessa argumentação, a Nova Era deixa de ser vista como excentricidade de hippies e passa a incorporar outras tendências, inclusive de certas áreas do campo científico, tornando-se também um florescente ramo de negócios, já na década de 80.

Por último, mas nem por isso menos importante, cabe mencionar a influência das obras de Carlos Castañeda, controvertido antropólogo cujo aprendizado e experiências com plantas psicoativas junto a Juan Matus, um xamã yaqui de Sonora, México, a partir de 1961, trouxeram ao movimento a contribuição das culturas indígenas.

No Brasil

Com o costumeiro atraso e devidos ajustes às peculiaridades da realidade nacional, tais transformações também se fizeram sentir no Brasil. Nos anos 60, contudo, a agenda era marcadamente política e a juventude universitária, juntamente com o sindicalismo e organizações de esquerda, estava às voltas com as desigualdades sociais e não com o esgotamento dos anos de prosperidade e do modernismo acadêmico, fatores invocados para explicar a desorientação da geração *baby boom*, do pós-guerra nos EUA.

Aqui, o eixo da agitação cultural assume uma linha mais politizada e se manifesta nos Centros Populares de Cultura (CPCs), na experimentação do Cinema Novo e do teatro de vanguarda e na música popular. É a partir dos anos 70, entretanto, com o fechamento dos canais de participação e a repressão aos movimentos populares, que se criam condições para o surgimento dos aspectos mais místicos e individualizados do movimento Nova Era.

Cabe lembrar, contudo, que muitos dos elementos que se costuma vincular a esse fenômeno — ocultismo, esoterismo, orientalismo — já existiam por aqui, de longa data: deixando de lado a especulação sobre a presença da Ordem dos Templários nas caravelas de Pedro Álvares Cabral, pode-se com certeza afirmar que algumas sociedades iniciáticas estão presentes no Brasil desde pelo menos o século XVIII. É o caso, por exemplo, da maçonaria: a primeira agrupação de maçons de que se tem notícia no Brasil foi fundada em Pernambuco, em 1797, pelo médico e ex-frade Arruda Câmara.

Em Pelotas foi fundada, em 1902, a primeira loja teosófica do Brasil, sob a denominação de Dharma (ainda que exista uma referência anterior a essa doutrina em um artigo de autoria de Dario Veloso, intitulado "A teosofia e a sociedade teosófica", publicado em Curitiba, em 1896). Oficialmente, porém, é em 1919 que se abre, no Rio de Janeiro, a primeira seção brasileira da Sociedade Teosófica, filiada à Theosophical Society, com sede em Madras, na Índia.

O Círculo Esotérico da Comunhão do Pensamento foi criado em 1909, na cidade de São Paulo; juntamente com a editora e livraria O Pensamento, fundada em 1907, e a revista de mesmo nome, constituiu importante e pioneiro instrumento de divulgação de idéias e sistemas filosófico-espiritualistas cuja orientação diferia das crenças e valores religiosos dominantes à época. A Sociedade Antroposófica no Brasil, com seguidores em Porto Alegre já em 1910, foi oficialmente fundada em São Paulo em 1935; a Sociedade Teosófica Brasileira, que teve seu começo em 1916, no Rio de Janeiro, passou a chamar-se "Eubiose, em 1969; a Rosacruz Amorc é de 1956 e a Rosacruz Áurea, de 1957 — todas ainda em atividade e com influência no atual panorama da Nova Era.

Religiões propriamente ditas de procedência oriental, como o budismo e suas várias denominações, estão presentes no país desde as primeiras décadas do século XX inicialmente vinculadas a imigrantes, principalmente japoneses: o primeiro templo budista no Brasil, Templo Kômyôji, foi construído em 1932, na cidade de Cafelândia (SP). Só a partir do término da guerra, porém, e mais precisamente nos anos 50, é que os templos e associações se difundem e se estabelecem em vários pontos do país. A comunidade budista Sotô

Zenshû, por exemplo, foi oficialmente reconhecida em 30 de novembro de 1955 e teve seu primeiro templo — Zengenji, construído em Mogi da Cruzes. O mesmo ocorreu com as chamadas *new religions*: a Seicho-No-iê é de 1952, a Perfect Liberty, de 1958 e a Soka Gakkai, cuja organização foi inaugurada formalmente em 1960, tem adeptos desde a década de 50.

É a partir dessa década também que a prática da acupuntura, por exemplo, até então restrita à colônia oriental no bairro paulistano da Liberdade, começa a se difundir além do âmbito desses imigrantes e de seus descendentes, através dos cursos do professor Frederico Spaeth, ministrados a médicos brasileiros. Alguns de seus discípulos estabeleceram a primeira associação brasileira dessa especialidade e, em 1961, fundaram a primeira clínica institucionalizada, o Instituto Brasileiro de Acupuntura. Processo semelhante aconteceu com algumas modalidades de artes marciais: em 1959 o mestre Wong Sun Keung começou a ministrar aulas de tai-chi-chuan no Centro Social Chinês; seguiram-se-lhe Chan Kow Wai e Chiu Ping Lok. Este último fundou na cidade de Santo André, em 1969, uma das primeiras academias de artes marciais registrada no país, a Academia de Tai Chi de Yoga e Kung-fu. No Rio de Janeiro, cabe mencionar a Academia Hermógenes de Yoga, também dessa época (1962).

Esses e outros elementos, instituições e práticas, conquanto tenham sido incorporados pela Nova Era, por si sós não a produziram. A difusão do fenômeno dependeu de determinadas circunstâncias que, como já apontado, surgem na esteira da efervescência política e cultural dos anos 60 e se expandem a partir da década de 70.

No contexto da agitação toda dessa época, foi o Tropicalismo que abriu espaço para uma postura identificada com a estética libertária e dionisíaca da contracultura: Caetano Veloso, sem lenço, sem documento, nada nos bolsos ou nas mãos, alegremente celebra a recusa aos valores do sistema. Ainda hoje Gilberto Gil demonstra afinidade com alguns dos temas holísticos; o disco *Quanta*, de 1997, é o mais recente sinal dessa abertura.

No entanto, foi Raul Seixas quem explorou explicitamente em suas composições aspectos mais místicos, chegando inclusive a participar, juntamente com o então parceiro Paulo Coelho, de sociedades iniciáticas inspiradas na doutrina do famoso esoterista inglês Aleister Crowley. Os títulos de alguns de seus discos — por exemplo *Aeon*, *Gita*, este último contendo a música "Sociedade alternativa" — atestam essa tendência.

A invasão de sua casa pela polícia, em 1974, e sua conseqüente saída do país — como também acontecera com Gil, Caetano e Chico Buarque, para citar apenas alguns personagens mais conhecidos — constituem uma amostra de até onde foram os "anos de chumbo", que começaram marcados pelo célebre bordão "O sonho acabou!", de John Lennon. Muitos militantes de organizações de esquerda e participantes do movimento cultural enveredam por caminhos religiosos e alternativos, como foi o caso do escritor e compositor Rogério Duarte, (ex-integrante do CPC da UNE), do ex-militante e preso político Alex Polari (atualmente vice-presidente do Cefluris, uma das ramificações do culto do Santo Daime), da atriz Odete Lara (hoje praticante do zen-budismo) e do teatrólogo Fauzi Arap, entre muitos outros.

Esse também foi o momento do surgimento e implantação de grupos e associações como a Sociedade Internacional da Consciência de Krishna — mais popularmente conhecida como Hare Krishna —, estabelecida em 1974 e que já nos três anos seguintes possuía 18 templos urbanos e uma comunidade rural, Nova Gokula, no município de Pindamonhangaba (SP). O mesmo aconteceu, em diferentes momentos, com Ananda Marga e com discípulos de Bhagwan Shree Rajneesh e Maharishi Mahesh Yogi, entre outros.

Mas o que realmente deu o tom à busca de novos caminhos foi a disseminação das chamadas comunidades rurais alternativas. Essas experiências, na linha de uma atitude mais radical de recusa aos valores vigentes, propunham a adoção de um estilo de vida baseado em outros princípios, frontalmente contrários às distorções da sociedade urbana e de consumo: vida comunitária, frugalidade, espiritualidade em contato com a natureza, produção agrícola sem o emprego de defensivos e fertilizantes químicos, alimentação natural com base em preceitos da macrobiótica ou vegetarianismo etc.

Muitas se inspiraram nos ensinamentos de algum mestre espiritual ou seguiram mais de perto uma doutrina particular, como foi o caso dos Hare Krishna; algumas tiveram como motivação precaver-se contra catástrofes tidas como iminentes e, mais especificamente, contra a ameaça nuclear; outras, ainda, estabeleciam ligações com supostos contatos com extraterrestres. Espalharam-se por toda parte, mas algumas regiões foram preferidas: sul de Minas Gerais, Chapada dos Veadeiros (GO), Chapada Diamantina (BA), Chapada dos Guimarães (MT), Serra da Bocaina (SP), Planalto Central. As razões para tais escolhas tinham a ver com a energia desses lugares, seu status de chakras do planeta e outras mais, retiradas do eclético ideário da Nova Era.

Duas experiências de comunidades, ambas fundadas por José Trigueirinho Neto, merecem destaque e continuam como referência, ressalvadas suas diferenças: o Centro de Vivências Nazaré, existente desde 1981, no município de Nazaré Paulista (Sara Marriott, com sua experiência em Findhorn, foi uma presença marcante na condução da comunidade, após a saída de Trigueirinho, em 1987) e Figueira, em Carmo da Cachoeira (MG), desde 1988.

A disseminação e o alcance dessas experiências podem ser avaliadas nos sucessivos ENCAs (Encontro

Nacional de Comunidades Alternativas) que vêm se realizando desde 1978, quando se deu o primeiro, em Gravataí (RS). No sexto desses congressos, ocorrido em Três Marias (MG), em 1982, formou-se a Abrasca (Associação Brasileira de Comunidades Alternativas) e por volta de 1985 havia já mais de 70 dessas comunidades; o XIX Encontro foi realizado em 1995, em Serra Azul (MT).

Os desdobramentos de todo esse processo — à época englobados sob a denominação de "cultura alternativa" — foram acompanhados por revistas como *Comum-Unidade* (o órgão de divulgação do movimento, surgido a partir do IV Encontro, em 1980), *Transe*, *Pensamento Ecológico*, *Vida & Cultura Alternativa* e *Planeta* — além de incontáveis boletins feitos artesanalmente — que divulgavam as diferentes experiências.

Esta última, a revista *Planeta* — fundada em 1972 pelo conhecido escritor Ignácio de Loyola Brandão, por encomenda de Luís Carta, nos moldes da congênere francesa *Planète*, de Louis Pauwels e Jacques Bergier —, continua até hoje como um dos principais veículos de propostas alternativas no campo das religiões, da terapia, da formação e cultivo pessoal e demais tendências ligadas à temática da Nova Era. Com essa mesma preocupação, além das tradicionais Casa Fretin e Livraria O Pensamento, podem ser citadas a Associação Palas Athena, de 1972, as livrarias Horus e Zipak, ambas fundadas já em meados da década de 70 na capital paulista, e muitos outros espaços, nas principais cidades brasileiras, pioneiros em relação aos rumos que a busca por novos caminhos começa a multiplicar.

No entanto, o fenômeno era ainda localizado, e até estigmatizado — para muitos, era coisa de "bicho grilo", remanescente do velho modelo hippie. Só mesmo mais para o final dos anos 80 e no decorrer dos 90 é que, consolidado, ele se diversifica e, seguindo a tendência universal, torna-se cosmopolita e ganha proporções de mercado: um levantamento feito em 1992 arrolou só na cidade de São Paulo quase mil espaços dedicados a tais atividades. Apenas para efeito comparativo, a publicação *Nova Terra — Guia do Buscador* de 1994, trazia mais de mil endereços de locais oferecendo os mais variados serviços e produtos vinculados a essa temática, e a de 1996, 1.300.

Cresce nos grandes centros urbanos a demanda por itens de consumo (alimentos, ervas medicinais, acessórios, itens de higiene pessoal) produzidos de acordo com princípios considerados "naturais", o que em alguns casos significa isenção de agrotóxicos, em outros exclusão de matérias-primas de origem animal e até mesmo manipulação de acordo com normas de algum sistema, como a antroposofia, por exemplo.

As dimensões dessa demanda começam a exigir um abastecimento regular, contínuo e de qualidade que já não pode depender de uma oferta esporádica, com base em empreendimentos de escala doméstica. Feiras de produtos orgânicos, restaurantes vegetarianos, entrepostos de produtos alternativos e até mesmo algumas prateleiras de supermercados convencionais tendem a abastecer-se em unidades produtivas de maior porte mas avalizadas por entidades como a Associação de Agricultura Orgânica, ou em estabelecimentos mantidos por associações religiosas — como a Korin Agropecuária, da Fundação Mokiti Okada, ligada à Igreja Messiânica — ou filosóficas, como o Instituto Biodinâmico, em Botucatu (SP), de orientação antroposófica.

Está-se, definitivamente, em outra escala de produção, consumo e divulgação desses e de uma infinidade de outros produtos (publicações, discos, vídeos, implementos usados em terapias alternativas e sistemas oraculares, objetos de culto e decoração, talismãs) e serviços (congressos, simpósios, palestras, shows, cursos de formação, celebrações, aprendizado de técnicas corporais, pacotes turísticos etc.) identificados com os diferentes sistemas que integram, *lato sensu*, o universo da Nova Era.

Passada a fase de recusa radical dos valores dominantes, mais defensiva, associada a um *look* psicodélico e rural, a tendência agora é na direção da procura da prosperidade, da descoberta e aperfeiçoamento de potencialidades interiores, da busca de uma melhor qualidade de vida, configurando um verdadeiro "estilo de vida" reconhecido e visível na paisagem dos grandes centros urbanos, já sem o peso do estigma.

Essa tendência não significa desvalorização das experiências rurais, mas sua integração com o contexto urbano e as iniciativas aí desenvolvidas: é cada vez mais freqüente a utilização de sítios e chácaras localizados nas imediações dos grandes centros urbanos para a realização de vivências e *workshops* em fins de semana. O circuito ampliou-se, um público maior está sendo atingido, mas a pergunta que se faz é se, nessas condições, algo subsiste dos antigos ideais que nortearam a virada iniciada há quase cinco décadas.

A Nova Era na virada do milênio

Que constitui, hoje, a Nova Era? Não obstante ainda evocar o sentido ligado à interpretação astrológica do ciclo zodiacal, de advento de um momento de mudanças para a humanidade e do surgimento de uma nova consciência, a expressão Nova Era atualmente é empregada para designar um leque de tendências mais amplo que aquele inicialmente surgido na seqüência da contracultura e do Movimento do Potencial Humano.

Há autores, entretanto, principalmente nos EUA e na Inglaterra, que mantêm essa vinculação, reservando o termo *New Age* apenas para as propostas que visam principalmente o auto-aperfeiçoamento por meio de posturas e técnicas no plano de uma espécie de "psicoespiritualidade". Algumas classificações obtidas na Internet situam o verbete *New Age* ao lado de outras práticas e sistemas de crenças como o xamanismo, paganismo, ocultismo, gnose, cientologia, xintoísmo, hinduísmo, wicca etc., atribuindo-lhe, por conseguinte, características próprias e distintivas.

Outros estudiosos, contudo, preferem destacar a diversidade constitutiva de todo esse fenômeno, caracterizando-o como uma nova modalidade de sincretismo — "sincretismo em movimento: o estilo Nova Era de lidar com o sagrado", como denomina, por exemplo, Leila Amaral, para enfatizar que se trata de processo em andamento, e não de um produto acabado, responsável por uma identidade religiosa fixa. Essa perspectiva para pensar o fenômeno da Nova Era em bases mais amplas, colocando-o num campo mais alargado — não só ao lado de tendências afins, mas em interação com elas — reflete-se também em outras denominações para classificá-lo: há quem prefira "complexo alternativo", ou "novo misticismo", "holismo", "neo-esoterismo", entre outros.

A opção de estender o alcance da denominação Nova Era, se de um lado permite abarcar outras propostas com ela sintonizadas, tem seu inconveniente: favorece o argumento daqueles que vêem nesse movimento um *bricolage* de crenças, práticas, objetos de consumo e ritos sem qualquer estrutura ou princípio a não ser a arbitrária decisão de cada adepto de fazer seu próprio *mix*. Como foi afirmado no começo deste livro, a primeira impressão é que cabe qualquer coisa — e de qualquer maneira — no atual "caldeirão" da Nova Era.

Assim, com o propósito de mostrar que, apesar da heterogeneidade, as atividades comumente enfeixadas sob esta denominação não se reduzem a um amontoado de práticas desconexas, mas apresentam padrões e regularidades, antes de delinear seu perfil e discutir questões relativas às suas características principais, convém começar do patamar básico: a forma como concretamente se manifestam, isto é, sua localização no espaço da cidade, suas normas de funcionamento e as modalidades em que podem ser agrupadas.

Espaços e práticas

Os dados para esta primeira descrição, que mostra os estabelecimentos e práticas da Nova Era como um ramo de atividades (ou, se se preferir, de negócios) bem organizado, foram obtidos a partir de um estudo realizado na cidade de São Paulo, com base em levantamento que identificou cerca de mil espaços voltados para o oferecimento de produtos e serviços anunciados na mídia como "esotéricos" e também como "místicos" ou "alternativos". Ainda que referidas à capital paulista, as conclusões desse estudo podem ser estendidas a outros contextos, tendo em vista o grau de difusão e cosmopolitismo desse gênero de atividades.

Em virtude de sua difusão e imediato reconhecimento no meio em que circula, escolhi o termo "esotérico" para compor a expressão *neo-esotérico*, destinada a englobar de forma mais direta todas essas práticas, serviços e espaços. Esse termo, contudo, apresenta também um sentido técnico: no campo do estudo das religiões e sistemas iniciáticos, *esotérico* refere-se àqueles ritos ou elementos doutrinários reservados a membros admitidos a um círculo mais restrito, opondo-se, assim, a *exotérico,* a parte pública do cerimonial. Para evitar ambigüidades, uso então o prefixo *neo* com o propósito de estabelecer e marcar a diferença com relação a esse sentido.

No caso específico da metrópole paulistana, o levantamento mostrou que a maior parte dos estabelecimentos que ofereciam aquele tipo de produtos e serviços — consultórios, academias, centros, lojas, livrarias, entrepostos, escolas, associações — localiza-se preferencialmente em bairros de classe média e classe média alta: Vila Mariana, Pinheiros, Jardins, Perdizes, Moema, Campo Belo, nessa ordem. Trata-se de uma constatação que confirma a tendência já verificada em outros estudos e contextos de que a clientela do universo das práticas neo-esotéricas é constituída basicamente por pessoas oriundas das camadas médias.

Com a finalidade, porém, de ir além da mera localização e introduzir um princípio de ordem frente à impressão inicial marcada pela heterogeneidade de propósitos, crenças e rituais que caracteriza o horizonte do neo-esoterismo, os espaços levantados foram submetidos a uma primeira classificação levando-se em consideração os objetivos a que se dedicam, as normas de funcionamento interno e o produto que oferecem. Pois, se há lojas que se dedicam principalmente à venda de produtos — incensos, óleos, cartas de tarô, cristais, imagens de anjos ou duendes —, essas evidentemente não podem ser confundidas ou colocadas no mesmo plano que, por exemplo, o vetusto "Círculo Esotérico da Comunhão do Pensamento, de longa tradição, desde 1909. Assim, para melhor distinguir e mostrar as diferenças no interior desse universo, propus um quadro com cinco grupos: sociedades iniciáticas, centros integrados, centros especializados, espaços individualizados e pontos de venda.

a) **Sociedades iniciáticas:** caracterizam-se por apresentar um sistema doutrinário com base em princípios filosófico-religiosos definidos, com um corpo de rituais próprios e níveis de iniciação codificados. Possuem graus de hierarquia interna, permitindo distinguir ao menos entre o conjunto de seguidores e o de mestres/dirigentes. Muitas dessas sociedades são filiais, adaptações ou criações locais inspiradas em instituições com sede ou origem no exterior. Fazem parte desse grupo, entre outras, as já citadas Sociedade Teosófica no Brasil, Sociedade Brasileira de Eubiose, Sociedade Antroposófica, Rosacruz Amorc, Sociedade Internacional Rosacruz Áurea e Círculo Esotérico Comunhão do Pensamento. Anteriores à onda da Nova Era e produtoras de sínteses doutrinárias próprias, constituem pontos de referência para muitos participantes do atual e extenso universo do neo-esoterismo. Outras instituições que podem ser incluídas neste grupo são as várias fraternidades (Aquarius-Sofia, Fraternidade dos Guardiães da Chama, Pax Universal e outras) e ordens (Golden Dawn, do Templo, dos Guardiães da Luz etc.).

b) **Centros integrados**: são aqueles que reúnem e organizam, num mesmo espaço, vários serviços e atividades como consultas através de algum dos diferentes sistemas oraculares, terapias e técnicas corporais alternativas, palestras e cursos de formação, venda de produtos, vivências coletivas. Não apresentam um corpo doutrinário fechado, mas fundamentam suas escolhas (no campo editorial, no leque de serviços que oferecem, na linha de produtos que vendem) com base em uma corrente em particular ou em um conjunto de discursos mais ou menos sistematizado, podendo, contudo, combinar elementos de várias tendências filosóficas, religiosas e esotéricas clássicas. Gerenciados em moldes empresariais — muitos deles são microempresas —, têm como base o trabalho de profissionais da casa, que geralmente são os proprietários, mas abrem espaço para a atuação permanente ou esporádica de pessoal de fora.

c) **Centros especializados:** incluem associações, institutos, escolas, academias e clínicas voltados para pesquisa e ensino de algum tema específico, assim como treinamento e/ou aplicação de algumas das técnicas correspondentes — dança, artes marciais, artes divinatórias, práticas terapêuticas. Podem comportar mais de uma atividade, mas a principal é que dá o nome.

d) **Espaços individualizados:** são aqueles onde se oferece alguma das mais conhecidas modalidades de práticas neo-esotéricas, geralmente no campo terapêutico ou de sistemas oraculares, sem uma identificação particular, uma organização gerencial, mas com o uso comum das instalações, quando se trata de mais de um profissional. Abrangem desde a conhecida cartomante, o astrólogo ou massagista, sem maiores referências, que atendem em suas casas, até eruditos autodidatas para os quais o conhecimento na área não é exercido como meio de vida.

e) **Pontos de venda:** em virtude de seu caráter claramente comercial, são os que mantêm com o universo do neo-esoterismo uma relação mais instrumental e pragmática que doutrinária. Apesar dessa característica, não se pode descartar, em muitos desses espaços, um genuíno interesse e envolvimento de seus proprietários ou funcionários pelos aspectos filosófico-espirituais do ramo, o que se manifesta na forma de aconselhamento e indicações de uso. Importantes livrarias do circuito neo-esotérico, por exemplo, não apenas vendem livros ou oferecem algum tipo de orientação ao consumidor, como servem de contato entre profissionais e seus clientes, promovem palestras, divulgam eventos, organizam vivências.

É o grupo mais numeroso, perfazendo quase 34% do total de estabelecimentos registrados pelo levantamento. É constituído por livrarias, farmácias homeopáticas e fitoterápicas, agências de turismo ecoesotérico e produtoras de eventos, feiras e entrepostos de produtos orgânicos, lojas de comercialização de instrumentos e insumos de trabalho como óleos e essências, além de imagens, incenso, bijuterias, artesanato de origem indígena, talismãs, fitas e discos de música *new age* etc.

Cabe reiterar que esta classificação em cinco grupos é aproximativa, pois nem sempre os estabelecimentos concretos, em sua diversidade e polivalência, encaixam-se clara ou exclusivamente nesse ou naquele item. O que se pretende é estabelecer um princípio de organização e um quadro de referência iniciais.

Mais importante, contudo, que esta classificação é a constatação de que esses espaços configuram o que pode ser denominado de circuito neo-esotérico, isto é, a rede formada pelo conjunto de instituições de todos os grupos, desde os voltados mais para a espiritualidade até os de feição claramente comercial; e dos mais antigos até aos recentemente implantados, já na esteira do *boom* do neo-esoterismo.

Sejam quais forem as motivações, filiações filosóficas e propósitos, todos esses estabelecimentos, de um ponto de vista operacional e de implantação na paisagem urbana, constituem uma oferta regular e visível de produtos e serviços. Formam, assim, um *circuito* — a exemplo de muitos outros que existem na cidade — ao longo do qual os usuários, adeptos ou freqüentadores ocasionais constroem seus trajetos e fazem suas escolhas. Na realidade, mais do que a cada um dos espaços que o integram, é a esse conjunto que propriamente pode-se aplicar a expressão *neo-esotérico*, nem sempre adequada para qualificar essa ou aquela instituição em particular.

Nesse circuito, os centros integrados ocupam um lugar especial, pois congregam os espaços mais identificados com o *modus vivendi* da Nova Era: mais ecléticos, concentram num só lugar as características dos demais grupos e todo o leque das atividades. Oferecem ao interessado informação e formação em determinado campo, possibilitam-lhe experimentar de forma direta esse conhecimento, vendem-lhe os produtos que complementam essa experiência e abrem-lhe a oportunidade de vivenciá-lo de forma coletiva, num grupo — em suma, oferecem as práticas mais representativas de todo o universo do neo-esoterismo.

Porém tentar abranger todas essas práticas num único quadro classificatório não é tarefa de fácil resolução. Além da inevitável heterogeneidade, há uma dificuldade a mais para distingui-las: tais atividades apresentam-se como "holísticas", o que significa, entre outras conotações, que englobam as "dimensões espiritual, física e mental". Assim, dificilmente uma atividade dirige-se com exclusividade a um só desses planos: na maioria das vezes uma palestra, por exemplo, começa ou termina com uma vivência corporal coletiva, da mesma forma que um ritual sempre é antecedido por uma explicação do sistema ou tradição de que é originário, e uma terapia visando o relaxamento físico exige a participação de energias consideradas espirituais.

Como, portanto, separar essas práticas em itens com fronteiras bem marcadas? Apesar dessa interdependência, é conveniente agrupá-las de acordo com o objetivo principal e a ênfase posta em cada um daqueles planos; dessa forma, é possível distinguir ao menos três grandes divisões:

a) **Divulgação e formação**: inclui aquelas atividades destinadas a difundir os diferentes sistemas e ensinar suas aplicações através de palestras, cursos, aulas abertas, demonstrações, simpósios, congressos. Exemplos: Palestra "Números - símbolos da sabedoria", na Sociedade Brasileira de Eubiose, Rio de Janeiro (RJ); palestra gratuita "Evolução pessoal através do xamanismo" no Hotel Ponto de Luz, Joanópolis (SP); cursos "Reiki" e "Shantala" no Espaço Terapias Alternativas, São Caetano do Sul (SP); curso de férias "Power Yoga" na Dhammapada Escola de Yoga, São Paulo (SP) ; "Aulas de Tai-Chi-Chuan" no Centro de Estudos Shen Long; congresso "IX Encontro para a Nova Consciência — o pensamento da cultura emergente", em Campina Grande (PB); "53º Retiro Setorial de Ananda Marga", em Viamão (RS).

b) **Terapias**: inclui toda a variedade das práticas de atendimento individual ou coletivo voltadas para a cura e prevenção de distúrbios, e também técnicas para o desenvolvimento de potencialidades psíquicas ou corporais. Também chamadas de terapias alternativas, constituem um imenso e heterogêneo leque que vai das diversas modalidades de massoterapia até técnicas de regressão e de programação neurolingüística, passando por sistemas oraculares, artes marciais e danças, além das terapias com uso de florais, pêndulos, cristais, aromas, cores etc. Um dos sindicatos que congrega "terapeutas naturistas", em seu *site* na Internet, traz uma lista, com as respectivas definições, de 97 modalidades diferentes.

c) **Vivências**: inclui cerimônias e ritos realizados por ocasião de datas especialmente significativas, seja para o universo neo-esotérico como um todo, seja para um sistema ou espaço em particular durante *workshops* de treinamento intensivo e coletivo de determinada prática. As fases da lua, as passagens do equinócio ou solstício, o ano-novo astrológico são comemorados com danças sagradas, excursões a "lugares de poder", ou simplesmente lembrados com invocações aos elementais ou algum rito no interior de cada espaço. Exemplos: "Vivência na Serra da Mantiqueira — atividades corporais, caminhadas e meditação", no Sítio da Lua, Camanduacaia (MG); "Ritual da Lua Crescente em Câncer", no espaço Psiquê Astrológica, em São Bernardo do Campo; "Vivência de regressão" no Espaço Alternativo Insight, em São Paulo.

Assim, não obstante a diversidade das práticas e serviços englobados sob a etiqueta da Nova Era, de certa forma eles estão organizados — ao menos no plano de seu funcionamento e distribuição — de acordo com alguns princípios. Cabe agora examiná-los da perspectiva de sua constituição interna, para analisar se apresentam linhas ou tendências mais gerais e pontos em

comum ou se, como alguns críticos enfatizam, não vão
além de um amontoado de iniciativas individuais.

Fontes e bases doutrinárias

Frente a essa oferta de serviços, terapias, vivências e
ensinamentos oferecidos nos espaços que compõem o
circuito neo-esotérico, é de se perguntar se sob tamanha
diversidade seria possível reconhecer a presença de
princípios doutrinários comuns. Tomando, porém,
como base as palestras, os cursos e as justificativas que
servem de fundamento às diversas práticas, logo se
identifica a presença de determinadas fontes. A primeira
e mais recorrente é constituída por sistemas de
pensamento e religiões de origem oriental. Sob esta
rubrica encontram-se, por exemplo, o hinduísmo e o
taoísmo, o budismo com suas múltiplas variantes ou
escolas, além de outros mais, vagamente reconhecidos
e rotulados como "orientais".

Deixando de lado, porém, a validade ou não de tais
inclusões, cabe reter a principal contribuição atribuída
a essa fonte: a idéia de imanência. Diferentemente da
crença judaico-cristã ocidental em um Deus pessoal e
transcendente, a Nova Era recupera a visão de um
princípio superior ou divino, mas não separado do
mundo e do homem. Esta escolha tem como conseqüência
a perspectiva holística, segundo a qual o todo
e as partes se integram. Isso implica a não-divisão entre

corpo, mente e espírito, a substituição das idéias de pecado e culpa pela busca do auto-aprimoramento e uma importância dada mais ao conhecimento interior do que a verdades reveladas. Trata-se de uma vertente que, não obstante estar identificada com o Oriente, tem raízes também na tradição ocidental, ainda que não de forma dominante. Por exemplo, a idéia da "centelha divina", que estaria presente no âmago do ser humano, encontra-se em correntes gnósticas dos primórdios do cristianismo.

Outra referência para muitos sistemas identificados com a Nova Era são as sociedades iniciáticas ou esotéricas e grupos mágico-ocultistas, considerados depositários de uma sabedoria universal, espécie de "filosofia perene", fruto de uma longa e ininterrupta tradição elaborada à margem dos sistemas filosóficos ou religiosos dominantes.

De cosmologias indígenas e sistemas xamânicos tradicionais a Nova Era retira a idéia de uma valorização da natureza que, sacralizada, conjuga-se com a perspectiva imanentista descrita mais acima: todos os seres participam de um mesmo movimento cósmico. Essa vertente combina-se com algumas propostas ecológicas que, longe de considerarem a natureza como objeto de dominação, por parte do homem, fundem-nos num mesmo processo mais amplo e que, no limite, em suas versões mais espiritualizadas, não se distingue do próprio princípio divino.

Com relação a essa fonte, cabe assinalar que as referências são geralmente aos povos andinos, a índios do território norte-americano e ao xamanismo "clássico" do norte da Ásia. Apesar da rica tradição dos cultos afro-brasileiros, elementos rituais e cosmológicos da religião dos orixás, com poucas exceções, não são incorporados pela Nova Era. No que se refere às culturas indígenas, a aproximação é maior, principalmente com a pajelança de alguns povos e também com a doutrina do Santo Daime, em suas diferentes derivações.

Porém, tão significativa quanto a própria variedade de suas fontes de inspiração é a forma como seus conteúdos são articulados e vivenciados no contexto da Nova Era: sem a presença de uma autoridade central, a maior parte dos sistemas e integrantes com ela identificados define-se pelo caráter autônomo, aberto e não-dogmático, como mostra a pesquisadora Maria Julia Carozzi, em seus estudos sobre a Nova Era.

Este é um apelo de especial significado para os insatisfeitos com o caráter burocratizado e hierárquico de muitas religiões institucionalizadas. Não há um clero especializado e, apesar da presença de mestres ou gurus em alguns sistemas ou associações de caráter mais religioso ou iniciático, na maioria das propostas é mais comum o uso dos termos "facilitador", "focalizador", "canalizador", "orientador", pois se considera que a autoridade, o verdadeiro mestre, reside mesmo no interior da cada um.

Alguns estudiosos estabelecem uma relação entre este aspecto da Nova Era e determinadas características que julgam próprias da época atual, conseqüências das transformações induzidas pela modernidade, como o individualismo, o descrédito nas instituições e ideologias e o retraimento da esfera pública em favor do âmbito do privado. Por outro lado, a presença de uma cultura psicológica entre as camadas médias a partir dos anos 70, em função da difusão da psicanálise e, posteriormente, de outros métodos terapêuticos, levou muitos de seus membros a, continuando na trilha do autoconhecimento, assumir a sacralização de seu mundo interior e investir em formas de aprimoramento das potencialidades pessoais também nessa perspectiva. A disseminação de práticas e terapias corporais, por sua vez, abriu espaço para maiores cuidados com o corpo e com a alimentação, bem como para a sensibilidade e as emoções.

Essa é uma das razões pelas quais as propostas da Nova Era não suscitam congregações estruturadas ou igrejas permanentes, ou então vivências multitudinárias; ao contrário, é no recesso — seja da experiência individual, seja de pequenos grupos autônomos — que se intenta realizar o processo de

1. O Círculo Esotérico da Comunhão do Pensamento é uma instituição existente desde 1909, anterior ao movimento da Nova Era.

2. Cartaz de um dos primeiros encontros das comunidades rurais alternativas.

3. Comunidade bastante conhecida entre os adeptos da Nova Era.

4. Centro integrado: Espaço Tattva, em São Paulo.

5. Música, literatura, cursos, terapias e congressos.

encontro com aquele princípio divino, o "eu superior", na perene busca de um sentido frente às vicissitudes e incertezas da vida no mundo contemporâneo. Tal é o "estilo Nova Era" de lidar com o sagrado: um estilo novo, talvez, mas para uma antiga procura.

Contudo, não é só em longínquas tradições, saberes esotéricos e ensinamentos milenares que os intelectuais da Nova Era vão buscar fundamentação para esta visão holística. Embora enfatizem a intuição e o conhecimento direto, em contraposição ao pensamento, segundo eles, demasiadamente racional e cartesiano da era que vai se encerrando, as novas propostas voltam-se para determinadas linhas da ciência contemporânea em busca de evidências e argumentos em prol de uma perspectiva mais sistêmica; é o que faz, por exemplo, o já citado Fritjof Capra. Avaliar se essa aproximação é legítima, do ponto de vista das instâncias científicas mais acadêmicas, envolve e exige outro tipo de discussão, que não pode ser desenvolvida nos limites deste trabalho.

Seja como for, vale a pena transcrever a maneira como Capra descreve o momento de sua descoberta, pois retrata bem a forma de uma das junções típicas do discurso da Nova Era:

> Estava sentado à beira do oceano, num fim de tarde de verão, observando as ondas rolarem e sentindo minha

própria respiração, quando, repentinamente, tornei-me cônscio de que estava ligado a uma gigantesca dança cósmica. Sendo físico, eu sabia que a areia, rochas, água e ar, em torno de mim, eram feitos de moléculas e átomos vibrantes e que isto consistia em partículas que, interagindo umas às outras, criavam e destruíam outras partículas. Eu sabia também que a atmosfera terrestre era continuamente bombardeada por rajadas de raios cósmicos, partículas de alta energia, resistindo às múltiplas colisões, à medida que penetravam no ar. Tudo isso me era familiar das pesquisas em alta energia, mas até esse momento, eu só conhecia através de gráficos, diagramas e teorias matemáticas. Nesse dia, sentado na praia, eu experienciei com todo o meu ser: eu "vi" cascatas de energia vindo de fora do espaço, nas quais partículas criavam-se e destruíam-se em pulsações rítmicas, e "vi" átomos de elementos e do meu corpo participando dessa dança da energia cósmica; eu senti seu ritmo e ouvi seu som e, nesse momento, percebi que essa era a Dança de Shiva, cultuada pelos hindus.

A combinação da multiplicidade de fontes — religiões orientais, tradições indígenas, ritos e mitologias pré-cristãs, conhecimentos esotéricos, contribuições de alguns ramos científicos —, mais o traço de autonomia, que permite junções de toda ordem, nem sempre muito compatíveis, tem como resultado uma multiplicidade de arranjos e propostas. Algumas dessas propostas são mais elaboradas, outras nem tanto, o que reforça a imagem do "caldeirão" da Nova Era. Olhando, porém, o conjunto, é possível distinguir uma espécie de "gramática" ou modelo explícita ou implicitamente presente na base de grande parte das doutrinas e discursos identificados com a Nova Era.

A figura desse modelo é um triângulo. Numa ponta está o *Indivíduo*, em suas diversas denominações e graus de profundidade ("eu inferior/superior", lenda pessoal, guia interior, *self, inner spirituality, self-spirituality, inner voice*); em outra, o pólo de onde emanou, do qual faz parte e para onde tende esse indivíduo — ou seja, a *Totalidade* (o Absoluto, o Cosmos, o Princípio Divino, a Natureza, conforme cada versão).

A história da humanidade não seria senão a longa caminhada, matizada pelas idiossincrasias de cada cultura para restabelecer o contato pleno do múltiplo com o uno — o que só é possível porque aquele sempre foi parte deste último. Tendo em vista, porém, o caráter societário do modo de vida do ser humano, entre Indivíduo e Totalidade situa-se um terceiro termo, a *Comunidade*, depositária e guardiã de cada tradição particular e dos meios que possibilitam a seus membros, em cada contexto histórico, alcançar sua verdadeira natureza.

Daí a atração de alguns grupos neo-esotéricos, se não pela volta a um estado ideal de comunidade (ainda encontrada, segundo crêem, em culturas não contaminadas pela sociedade moderna), ao menos por seus ideais, buscados nos limites dos pequenos grupos que se reúnem nos espaços, nas vivências e *workshops* intensivos em fins de semana. O modelo imaginado como ideal, portanto, supõe o indivíduo tomado em sua integralidade (corpo/mente/espírito), que pertence a uma comunidade harmônica e se aperfeiçoa em seu seio, ambos imersos e integrados numa realidade mais inclusiva e total, da qual é preciso tomar consciência.

Perfil dos freqüentadores

Uma representação bastante difundida dos freqüentadores de espaços neo-esotéricos e adeptos das práticas da Nova Era ainda é o adesivo que circula em vidros de carros e que diz "Eu acredito em duendes".

Para os céticos e críticos de todas essas práticas, trata-se de uma verdadeira confissão de credulidade. Mesmo sem entrar na discussão sobre o sentido alegórico e o simbolismo dos elementais nas várias mitologias em que aparecem, sob diferentes denominações, tal associação na verdade é um estereótipo, pois grande parte dos participantes desse universo é constituída por um público mais exigente e informado do que essa imagem deixa transparecer.

Como já mostrei, os adeptos dos sistemas integrantes da Nova Era em sua maioria são oriundos das camadas médias e apresentam grau elevado de escolaridade, e muitos deles, em especial os que se dedicam de forma profissional, são herdeiros da tradição da contracultura dos anos 60. A visita a algum espaço do circuito neo-esotérico, principalmente àqueles incluídos entre os centros integrados, dá uma primeira idéia dos gostos e preferências de seus *habitués*.

Este é o grupo que concentra os espaços mais representativos do circuito, apresentando um *lay-out* característico: estão geralmente instalados em sobrados ou casas térreas, devidamente reformados para abrigar as novas funções. Entretanto, para além das já esperadas imagens, essências aromáticas e incensos indianos, para além dos cds de música *New Age* e dos livros de espiritualidade ou auto-ajuda dispostos para venda nas estantes da área de entrada, é preciso prestar atenção aos folhetos que contêm a programação regular da casa.

Por exemplo, entre cursos, palestras, treinamentos e celebrações podiam ser encontrados, na agenda de fevereiro de 2000 da Triom Livraria, Editora e Cursos

— Centro de Estudos Marina e Martin Harvey, em São Paulo, os seguintes:

> "Como relaxar e concentrar para meditar"
> "Danças circulares sagradas"
> "A busca e a descoberta do Graal"
> "Libertando-se do medo de amar"
> "O curador interno"
> "Os 12 trabalhos de Hércules e o Zodíaco"
> "A magia das catedrais e o segredo dos Templários"
> "Sonhos e o caminho espiritual"
> Seminário Multidisciplinar de Feng Shui
> Babaji, mensagem do Himalaia (lançamento de livro)
> Práticas regulares de meditação
> Práticas regulares de Reiki
> Ritual transcultural da Lua Nova

Deixando de lado considerações sobre o conteúdo de cada uma dessas propostas, ou sobre o ecletismo de seu conjunto, é de se supor que o público a que se destina essa programação tenha afinidade com os temas e possua algum tipo de informação prévia — ou ao menos interesse, curiosidade — a respeito de mitologia clássica, sagas medievais, costumes e cultura de outros povos, preocupações com seu mundo interior e assim por diante. Trata-se de pessoas que, de certa maneira, compartilham um universo cultural comum, chegando a pautar sua vida cotidiana, seus hábitos de consumo, de saúde e até opções de lazer por determinados valores.

Evidentemente há também aqueles que se relacionam com o mundo do neo-esoterismo e com serviços ligados à Nova Era de maneira mais esporádica, induzidos por apelos da publicidade e imposições do mercado. É principalmente a essas pessoas que se aplicam, com razão, as críticas de credulidade e consumismo indiscriminado, condições propícias para o surgimento de supostos gurus, terapeutas alternativos de última hora ou simplesmente oportunistas em busca de lucro fácil. Justamente para distinguir as várias formas de se entrar em contato com esse meio, evitando os estereótipos que colocam todos num mesmo caldeirão, em trabalho anterior propus uma escala que permitisse distinguir os níveis de compromisso, entendimento e participação.

Antes, porém, de apresentar esta escala, cabe assinalar que, independentemente da "onda" da Nova Era, ou mesmo antes dela, há/havia praticantes de modalidades como yoga, tai-chi-chuan, diversas técnicas terapêuticas e métodos de meditação e estudiosos de cabala, astrologia, mitologia e outras temáticas. Sua dedicação a essas atividades deve-se a uma adesão aos sistemas que lhes servem de suporte — budismo, taoísmo, hinduísmo, ocultismo etc. — ou então ao reconhecimento de sua eficácia e significado, sem a mediação das sínteses posteriormente feitas no contexto do neo-esoterismo ou da Nova Era.

Finalizando esta ressalva, cujo propósito é evitar as generalizações tão comuns em análises e apreciações sobre o tema, há ainda quem recorra aos serviços e produtos do circuito neo-esotérico com propósitos meramente pragmáticos, sem maiores envolvimentos com seus pressupostos e doutrinas. Afinal, trata-se de um mercado que oferece equipamentos, utensílios, insumos, itens de decoração, medicamentos, técnicas de relaxamento e de correção de postura corporal, livros, discos, entre tantos outros produtos.

Voltando à questão da escala: em um de seus extremos figura o tipo que denominei de "erudito". Com este termo procuro ressaltar uma maneira mais consistente de se relacionar com o universo da Nova Era que, como bem notou Leila Amaral, é "a possibilidade de transformar, estilizar, desarranjar ou rearranjar elementos de tradições já existentes". Os arranjos daí resultantes poderão ser mais elaborados, lógicos, ou, ao contrário, forçados, frouxos, incoerentes. Quando falo nas escolhas do tipo erudito, não estou afirmando que são mais verdadeiras ou científicas, mas apontando para o fato de que são articuladas e obedecem a algum princípio subjacente que garante a compatibilidade dos elementos envolvidos. Mesmo no contexto da Nova Era, com todo o seu sincretismo, há lugar para soluções e experimentos sofisticados por parte de pessoas que buscam saídas não-convencionais sem, contudo, cair na banalização.

No outro extremo da escala, porém, está o tipo "ocasional" (ou "ingênuo"), aquele cujas escolhas, aleatórias, não se pautam por alguma lógica interna, respondendo tão-somente aos ditames de modismos passageiros, bastante divulgados por revistas de variedades e personagens do *show-business,* sempre prontos a proclamar as virtudes terapêuticas, relaxantes ou miraculosas de tal ou qual produto "natural", massagem de exótica procedência ou gesto ritual descoberto em alguma sociedade dita secreta ou primitiva.

Entre esses extremos situa-se o tipo "participativo", que, ao contrário do ocasional, possui conhecimentos e informações que lhe permitem estabelecer relações entre os elementos escolhidos (por exemplo, as idéias de carma, aura, circulação do *ch'i,* meridianos, chakras, entre outros) e as fontes correspondentes, ou ao menos reconhecer as diferenças entre eles. Mas, ao contrário do erudito, o tipo participativo não necessariamente organiza sua visão de mundo e comportamento por algum sistema em especial; transita mais livremente entre eles — ainda que respeitando algum nível de coerência.

São sua maior familiaridade com os temas correntes do universo neo-esotérico e a receptividade a eles — mas não a lealdade exclusiva a algum em particular, pois pode sem maiores traumas passar de um a outro — que fazem do tipo participativo o alvo privilegiado das palestras, cursos e vivências oferecidas pelos espaços, principalmente os centros integrados e os centros especializados.

Essa facilidade de trânsito — ou errância, nomadismo, transitividade, como denominam vários estudiosos do fenômeno — é, aliás, uma das marcas registradas da Nova Era. Não se verifica, aí, a experiência muitas vezes dramática da conversão, no sentido de uma ruptura radical com uma fé anterior para assumir um novo sistema de crenças, exclusivista. Isso porque, em verdade, não há um sistema único que se possa reconhecer e ao qual se possa aderir de forma incondicional: ninguém, na realidade, se autodenomina "nova-erista", ou "*newager*". No contexto da Nova Era as fronteiras não são rígidas e o critério ou autoridade que referenda as escolhas reside, em última instância, no íntimo de cada um, mesmo nos casos de membros das sociedades iniciáticas, que apresentam uma estrutura mais hierarquizada e um perfil mais religioso.

Não é nada incomum que praticantes de outros credos somem à sua devoção práticas e crenças típicas da Nova Era, como a consulta aos oráculos, utilização de cristais, leitura de obras de auto-ajuda, energizações, o que evidentemente intensifica o fluxo nesse sistema de trocas inter-religioso. Tampouco se verifica a prática do proselitismo, tão presente nas religiões de conversão que se apresentam como as detentoras da verdade e dos exclusivos meios de salvação. O tipo de vínculo que une os freqüentadores identificados com os ideais da Nova Era a seu grupo, espaço ou sistema filosófico é de outra ordem: está fundamentado na convergência das escolhas, as quais, por sua vez, remetem a semelhanças de gostos, preferências, universo cultural, inquietações, valores. Para resumir num só termo: têm como base (e reforçam) um estilo de vida comum.

Conclusão

Diante da perplexidade suscitada pelo heterogêneo conjunto de práticas reunidas sob a denominação de Nova Era, este livro começou com algumas perguntas: seria ela uma nova religião, mais de acordo com as mudanças do mundo contemporâneo? Ou, ao contrário, apenas um modismo passageiro e superficial, pronto ao consumo indiscriminado de toda sorte de produtos e crenças exóticas?

Como foi visto, questões como estas sem dúvida estão presentes no fenômeno da Nova Era, mas tiveram de ser contextualizadas; respostas rápidas e definitivas são tentadoras, pois acabam com as dúvidas, mas, infelizmente, não com os problemas que as levantaram, geralmente mais complexos. Uma proposta de análise sistemática, neste caso com base numa perspectiva antropológica, tem como objetivo justamente escapar da armadilha do senso comum e dos seus estereótipos, que funcionam mais como rótulos que como explicações.

Dessa forma, a partir dos dados aqui apresentados, foi possível chegar a algumas conclusões. A primeira delas é que o fenômeno da Nova Era está, sim, relacionado a modificações que vêm ocorrendo no campo dos comportamentos e das práticas religiosas contemporâneas, mas não constitui uma *religião* específica (ao menos no molde eclesiástico), pois não se encaixa em seu formato canônico, com hierarquia, dogmas, culto organizado, doutrina revelada. Insere-se nesse campo porque abre espaço e condições para o exercício de novas formas de manifestar o sentimento religioso. Nesse sentido inclui, favorece e desenvolve aspectos de *religiosidade*, pois em muitos de seus arranjos há ritos e celebrações como forma de expressão coletiva da experiência religiosa. E certamente incorpora o elemento da *espiritualidade*, entendida como forma mais individualizada de expressar a vivência do sagrado em seu sentido mais amplo.

É mais abrangente, por conseguinte, o quadro no qual se pode situar a Nova Era em suas versões atuais. Alguns de seus divulgadores a apresentam como uma mudança de *paradigma*, com isto querendo dizer que se trata de uma mudança radical, que atinge outras dimensões.da vida contemporânea, inaugurando novos padrões relativos a modos de conhecer, sentir e relacionar-se, calcados em princípios que enfatizam a inter-relação entre os diferentes planos da existência — físico, mental e espiritual.

Essa preocupação globalizante está de acordo com a "gramática" ou modelo — *totalidade/individualidade/comunidade* — que, conforme foi mostrado, constitui a base do discurso dominante da Nova Era; segundo os princípios de imanência e participação que lhe são subjacentes, não há separação entre o plano do sagrado e o do profano, pois tudo está envolvido num mesmo movimento de dimensões cósmicas.

Esta opção tem conseqüências no contexto da Nova Era: todo sofrimento, todo mal, toda doença ou desordem, advém não de um pecado primordial, mas de algum tipo de falência no trânsito entre os planos que compõem a individualidade e entre esta e os outros pólos da relação. E todas as práticas — terapias corporais, meditação, técnicas de respiração, alimentação natural, massagens, rituais, vaticínios — têm como objetivo último desobstruir os canais de comunicação no interior de cada um (encarado como um microcosmos) e em seu contato com o macrocosmos, de forma que a energia possa fluir alimentando a vida, abrindo a consciência, produzindo a necessária harmonia e o conseqüente desabrochar pleno do "eu interior".

Esse conjunto de conseqüências, quando compartilhado, está na base do que qualifiquei de "estilo de vida", fundamentado na convergência de uma série de escolhas que, por sua vez, remetem a semelhanças de gostos, preferências, cultura, inquietações, princípios. Não se trata, contudo, de um somatório de opções meramente individuais, pois está ancorado na oferta regular de produtos e serviços proporcionada e mantida pelo circuito neo-esotérico.

Articulado em rede, esse circuito permite aos usuários e freqüentadores a possibilidade de realizar trajetos específicos, ditados por suas próprias escolhas, e que terminam cruzando-se com os de outros, levados por motivações idênticas ou semelhantes. É quando se delineia e posteriormente se consolida esse particular estilo de vida, pois essas pessoas acabam se conhecendo e, mais que isso, reconhecendo-se como participantes de um mesmo universo cultural, visão de mundo e sistema de valores, identificados com o discurso básico da Nova Era.

A freqüência aos mesmos espaços — e principalmente a assiduidade e maior lealdade a esse ou àquele, em particular — cria laços e estreita os vínculos de sociabilidade; é nesses espaços que se fica sabendo de novos cursos, programam-se excursões para "lugares sagrados", realizam-se vivências, entra-se em contato com os últimos lançamentos de livros de auto-ajuda, de vídeos com técnicas de otimização dos poderes da mente, de cds da linha *New Age* ou *world music* etc.

Não há como não reconhecer, em toda essa dinâmica, uma dimensão de crescente importância na vida contemporânea, que é a questão do uso do tempo livre.

Todas essas atividades são procuradas não por obrigação, mas como oportunidades de cultivo de potencialidades pessoais, busca de autoconhecimento, vias de acesso a uma melhor qualidade de vida. Os gastos são encarados como investimento — este é, aliás, o termo que os espaços usam, quando se referem ao preço de alguma atividade. Trata-se, evidentemente, de formas bastante peculiares de uso do tempo livre, que se diferenciam daquelas opções oferecidas pela indústria cultural ou do lazer.

Cabe lembrar que predomina atualmente nesse meio uma visão mais otimista (não obstante algumas posturas críticas e até militantes a respeito de problemas causados pela falta de ética, abuso econômico e distorções tecnológicas), diferentemente da mentalidade de recusa ao *establishment* e da procura de isolamento ou refúgio, mais marcantes nos anos 70. Agora é visível a tendência de busca do aperfeiçoamento pessoal e também do sucesso profissional, com derivações nas áreas empresarial e de gerência de grupos — incluindo-se até equipes desportivas de alta competitividade —, o que em alguns casos termina por banalizar temas originalmente sustentados pelo ideário da Nova Era, transformando-os em meras receitas para obtenção de ganhos.

Mesmo assim, o quadro mais geral em que se situam as diferentes propostas da Nova Era, das mais sofisticadas às mais simplórias, tem como fundamento a procura por melhor qualidade de vida. No entanto — e aqui reside um importante diferencial — essa busca não se restringe a aspectos materiais, entendidos como facilidades, conforto; a perspectiva holística supõe uma integração entre os planos físico, emotivo, mental e espiritual.

As características de autonomia e fragmentação que perpassam as alternativas identificadas com a Nova Era afastam-nas tanto do fundamentalismo dogmático e sectário quanto da massificação de muitas respostas no campo religioso contemporâneo. É bem verdade que sua ênfase nas dimensões internas, do Eu, pode levar a um enclausuramento no individualismo; entretanto, cabe lembrar que este último aspecto, ao menos no modelo discursivo de base, não está dissociado das outras duas pontas do triângulo: a visão de mundo dominada pela idéia de totalidade e interdependência e a valorização de vivências no interior de comunidades — ainda que efêmeras, transitórias.

É nesse sentido que os ideais da Nova Era — levando-se em conta todas as ressalvas e nuanças apontadas neste trabalho — já não são vistos como excentricidades de hippies. Assumidos em diversos graus por um grupo mais amplo de pessoas, produziram um estilo de vida plenamente reconhecido no contexto da sociedade contemporânea e das principais cidades brasileiras.

Referências e fontes

A aproximação entre as propostas do Instituto Esalen e da Comunidade Findhorn, uma das bases da Nova Era, (p.13) foi desenvolvida num contexto mais amplo por Maria Julia Carozzi e está na coletânea que organizou, *A Nova Era no Mercosul* (Petrópolis, Vozes, 1999). É também esta autora que ressalta o papel da autonomia na Nova Era: o título de seu artigo nessa coletânea é, justamente, "A autonomia como religião". Na mesma obra destaca-se ainda o artigo de Leila Amaral, "Sincretismo em movimento", de onde foram retiradas as citações das páginas 26 e 48.

Os dados sobre as várias sociedades iniciáticas no Brasil e respectivas datas de fundação foram retiradas da dissertação de mestrado de Antonio Carlos Fortis: *O buscador e o tempo: um estudo antropológico do pensamento esotérico e da experiência iniciática da Eubiose.* (São Paulo, FFLCH/USP, 1997).

Algumas informações sobre religiões orientais, no Brasil, foram obtidas na coletânea *Sinais dos tempos: Diversidade religiosa no Brasil,* Cadernos do ISER, n. 23, 1990.

As informações sobre as primeiras aulas e academias de tai-chi-chuan e kung-fu, em São Paulo, constam da *Revista Artsports*, setembro/outubro de 1994.

Com relação a Raul Seixas, foi consultada *Safira Estrela — A Revista dos Equinócios*, (Rio de Janeiro, Ano I, n. 2, outono de 1996) e também alguns *sites* dedicados ao cantor, entre os quais www. raulseixas.com.br

Dados e datas relativos aos ENCAs foram obtidos nas edições 4 (junho/1985), 6 (outubro/1985), 10 (maio/1986) e 13 (1986, sem indicação de mês), da revista *Vida e Cultura Alternativa*.

Os dados e informações que constam a partir do tópico "A Nova Era na virada do milênio", além de muitos dos argumentos aí apresentados, encontram-se mais desenvolvidos em meu livro *Mystica Urbe: um estudo antropológico sobre o circuito neo-esotérico na metrópole* (São Paulo, Studio Nobel, 1999).

Paul Heelas, em *The New Age Movement* (Oxford, Blackwell, 1996), é um dos autores que caracterizam a Nova Era como um movimento com características próprias; Colin Campbell, no artigo "A orientalização do Ocidente: reflexões sobre uma nova teodicéia para um novo milênio" (*Religião e Sociedade*, vol. 18, n. 1, 1997), também distingue a Nova Era, ao lado de outros movimentos religiosos, no processo responsável pelo advento de uma nova teodicéia no Ocidente.

Os exemplos de atividades que ilustram as práticas neo-esotéricas, na seção "Espaços e práticas", constam da edição 329, ano 28, n.2 (fevereiro/2000) da *Revista Planeta*.

É de Jane Russo, no livro *O corpo contra a palavra* (Rio de Janeiro, Ed. da UFRJ, 1993), a análise sobre a presença de uma "cultura psicológica" entre as camadas médias na década 70 e sua influência na proliferação das terapias corporais e de outras práticas que agrupa sob a denominação de "complexo alternativo".

O relato contendo a "revelação" de Fritjof Capra (p.41-2) está no prefácio de seu livro *O Tao da Física*; a tradução aqui citada, porém, foi retirada do livro de Odete Lara *Meus passos em busca da paz* (Rio de Janeiro, Rosa dos Ventos, 1997).

Para mais informações sobre Comunidades Alternativas, ver o livro de Carlos A.P. Tavares *O que são comunidades alternativas* (São Paulo, Brasiliense, 1985).

Sugestões de leitura

• Além das publicações citadas no texto, as que seguem permitem uma ampliação do tema:

• *A Nova Era no Mercosul* (Petrópolis, Vozes, 1999), obra coletiva organizada por Maria Julia Carozzi, reunindo seleção de trabalhos apresentados em uma mesa e um seminário temático por ocasião da VIII Jornada sobre Alternativas Religiosas na América Latina, realizada em São Paulo em 1998.

• *Mystica Urbe: um estudo antropológico sobre o circuito neo-esotérico na metrópole* (São Paulo, Studio Nobel, 1999), de minha autoria, é resultado de uma pesquisa sobre a dinâmica das práticas e espaços neo-esotéricos na cidade de São Paulo. Organizados em circuito, constituem a base para a formação de um estilo de vida particular cujo eixo é a busca de novas modalidades de cultivo do mundo interior, numa perspectiva holística.

• *Misticismo e novas religiões* (Petrópolis, Vozes/Ifan, 1994), organizado por Alberto Moreira e René Zicman, traz o debate realizado na PUC de São Paulo em 1991. Pesquisadores e especialistas das ciências da religião como Carlos Rodrigues Brandão, José Jorge de Carvalho, Luiz Eduardo Wanderley, Lysias Negrão, Leonardo Boff, entre outros, discutiram as recentes transformações no campo religioso brasileiro.

- *O impacto da modernidade sobre a religião* (São Paulo, Loyola, 1992). Coletânea organizada por Maria Clara Bingemer e composta pelas exposições que introduziram as sessões de trabalho do seminário homônimo realizado pelo ISER (Instituto de Estudos da Religião) e pelo CIAS (Centro João XXIII de Investigação e Ação Social), em 1990.

- *Sinais dos tempos: tradições religiosas no Brasil* (Cadernos do ISER, n.22, Rio de Janeiro, 1989) e *Sinais dos tempos: diversidade religiosa no Brasil* (Cadernos do ISER, n.23, Rio de Janeiro, 1990), coletâneas organizadas por Leilah Landim, apresentam o resultado de debates e encontros de um programa de estudos sobre diversidade religiosa no Brasil desenvolvido no ISER, por encomenda do CONIC (Conselho Nacional de Igrejas Cristãs), entre os anos de 1986 e 1987.

- *O mundo da astrologia* (Rio de Janeiro, Jorge Zahar, 1990), de Luís Rodolfo Vilhena, apesar de focado nesse sistema oracular, desenvolve uma discussão sólida sobre o processo mais amplo em que está apoiado e sobre o contexto social e cultural de seus praticantes, na cidade do Rio de Janeiro.

- Dois textos autobiográficos da ex-atriz Odete Lara — *Minha jornada interior* (São Paulo, Nova Cultural/Best Seller, 1990) e *Meus passos em busca de paz* (Rio de Janeiro, Rosa dos Ventos, 1997) — constituem um caminho interessante, porque diferente da abordagem acadêmica, para entrar em contato com as alternativas abertas por esse amplo universo da Nova Era. Nesses livros Odete Lara relata sua crise existencial e as tentativas de busca de um sentido para a vida, desde a terapia, passando pela descoberta da importância de um contato maior com a natureza, com a macrobiótica e as filosofias orientais, até sua opção pelo zen budismo. Trata-se da narrativa de uma trajetória pessoal que ilustra o percurso de muitos que vivenciaram as transformações dos anos 60 e 70, no Brasil.

Sobre o autor

José Guilherme Cantor Magnani formou-se em Ciências Sociais pela Universidade Federal do Paraná em 1969 e fez seu mestrado na *Facultad Latinoamericana de Ciencias Sociales* (FLACSO), em Santiago, Chile, em 1972. Doutor em Ciências Humanas pela Faculdade de Filosofia, Letras e Ciências Humanas da USP (1982), é professor do Departamento de Antropologia dessa universidade. Sua área de atuação como pesquisador e orientador na pós-graduação é antropologia urbana, destacando-se as linhas de estudo sobre modalidades de lazer, cultura e sociabilidade na metrópole e sobre práticas de religiosidade no contexto urbano contemporâneo.

É autor, entre outras publicações, de *Festa no pedaço: cultura popular e lazer na cidade* (São Paulo, Brasiliense, 1984; 2ª ed. Hucitec, 1998); *Umbanda* (São Paulo, Ática, 1991); *Na metrópole: textos de antropologia urbana* (co-organizador; São Paulo, Edusp, 1996) e *Mystica urbe: Um estudo antropológico sobre o circuito neo-esotérico na metrópole* (São Paulo, Studio Nobel, 1999).

É coordenador do Núcleo de Antropologia Urbana (NAU) e editor responsável pela Revista de Antropologia do Departamento de Antropologia, FFLCH/USP.

Coleção Descobrindo o Brasil
direção: Celso Castro

VOLUMES PUBLICADOS:

Ditadura militar, esquerdas e sociedade
Daniel Aarão Reis

O Estado Novo
Maria Celina D'Araujo

O movimento operário na Primeira República
Claudio Batalha

A Proclamação da República
Celso Castro

A belle époque amazônica
Ana Maria Daou

Os índios antes do Brasil
Carlos Fausto

Sambaqui: Arqueologia do litoral brasileiro
Madu Gaspar

O Brasil da Nova Era
José Guilherme Magnani

Escravidão e cidadania no Brasil monárquico
Hebe Maria Mattos

Partidos políticos no Brasil, 1945-2000
Rogério Schmitt

A Independência do Brasil
Iara Lis C. Souza

No país do futebol
Luiz Henrique de Toledo

Modernismo e música brasileira
Elizabeth Travassos

Brasil de todos os santos
Ronaldo Vainfas e
Juliana Beatriz de Souza

PRÓXIMOS VOLUMES:

O tráfico negreiro
Luís Felipe de Alencastro

O Império português e o Brasil
Janaína Amado e Luiz Carlos Figueiredo

A educação e os intelectuais
Helena Bomeny

Vida e morte da mata atlântica
José Augusto Drummond

Os industriais e a política
Maria Antonieta Leopoldi

O Brasil dos imigrantes
Lúcia Lippi Oliveira

Do cruzado ao real: Os pacotes econômicos da Nova República
José Carlos Miranda

A política na República Velha
Marieta de Moraes Ferreira

Símbolos e rituais da monarquia brasileira
Lilia Schwarcz

Além-mar: Uma viagem pelo mundo que o português criou
Hermano Vianna